让孩子幸福的日子（精选版）

我喜欢你发光的样子

王玉正◎编著
［俄罗斯］西多罗娃·瓦列里亚·亚历山德罗夫娜◎绘

明天出版社·济南

图书在版编目（CIP）数据

我喜欢你发光的样子 / 王玉正编著；（俄罗斯）西多罗娃·瓦列里亚·亚历山德罗夫娜绘. — 济南：明天出版社，2022.10

（让孩子幸福的哲学：精选版）

ISBN 978-7-5708-1579-1

Ⅰ. ①我… Ⅱ. ①王… ②西… Ⅲ. ①哲学－儿童读物 Ⅳ. ① B-49

中国版本图书馆 CIP 数据核字 (2022) 第 149350 号

RANG HAIZI XINGFU DE ZHEXUE JINGXUAN BAN
让孩子幸福的哲学（精选版）

WO XIHUAN NI FAGUANG DE YANGZI
我喜欢你发光的样子

王玉正　编著　　［俄罗斯］西多罗娃·瓦列里亚·亚历山德罗夫娜　绘

出版人	傅大伟
选题策划	冷寒风
责任编辑	张　扬
特约编辑	王舟欣
项目统筹	胡婷婷
美术编辑	赵孟利
版式统筹	田新培　纪彤彤
封面设计	段　瑶
出版发行	山东出版传媒股份有限公司
	明天出版社
地址	山东省济南市市中区万寿路19号

http://www.sdpress.com.cn　　http://www.tomorrowpub.com

经销	新华书店	印刷	鸿博睿特（天津）印刷科技有限公司
版次	2022年10月第1版	印次	2022年10月第1次印刷
规格	720毫米×787毫米　12开　3印张		
ISBN 978-7-5708-1579-1		定价　18.00元	

版权所有，侵权必究

本书若有质量问题，请与本社联系调换。电话：010-82651017

目录

致娃爸娃妈 ······ 4

像哲学家一样思考
什么是内心世界 ······ 6

哲学故事
爱吃果子的怪兽小左 ······ 8

像哲学家一样思考
内心世界在哪里 ······ 30

像哲学家一样思考
我们应该听从内心的声音吗 ······ 32

致娃爸娃妈

闭上眼睛想一想，如果将你们的青春年华比作一部电影，最让你们难以忘怀的一幕是什么？

是救下奄奄一息的小猫，感觉自己和"超级英雄"一样伟大的时刻吗？

是和好朋友从家门口一起出发，到远方遍历山河大海吗？

还是为了梦想而拼搏，在堆得高高的书本后面度过许许多多个不眠之夜呢？

虽然现在想想，这些画面并不算特别，但它们就是青春的缩影啊，是已经铭刻在你们记忆中的不朽华章。

现在，你们成了父母，看到孩子就仿佛看到曾经勇敢、努力的自己。那么，你们想在孩子的人生中扮演什

么样的角色呢?

当小小的梦想开始在孩子的心中发芽,试着做他的太阳吧,照耀着孩子,温暖他、包容他。

当孩子有了自己的想法,不再一味地依赖你们,那就试着做他的"秘密树洞"吧,耐心倾听,引导他探索美好的内心世界,教会他与自己相处。

和孩子共读本书,你们或许会发现,每个人的心中都有一个"爱吃果子的怪兽小左",它是你们的"过去时",却也正是孩子的"现在进行时"。

愿所有孩子都不会失去自己的内心世界,愿每位娃爸、娃妈都能走进孩子的内心世界,帮他们披荆斩棘,助他们快乐成长。

像哲学家一样思考

什么是内心世界

你的内心世界是一座**只属于你自己的花园**,打开它的门,你就能在难过的时候进去躲一躲。在那儿,你可以摘一朵能逗得人开怀大笑的**笑笑花**,再听一次爸爸讲过的最好笑的笑话。

> 有一天,爸爸走在路上,突然觉得脚好酸好酸。低头一看,原来是踩到柠檬啦!哈哈哈哈!

离开内心花园时,记得带上这朵笑笑花哟。

你的内心世界是一张永远也画不完的**白纸**,把它铺在桌上,你就能随心所欲地**涂鸦**,尽情描绘你的想法。

是成为戴着眼镜的**宇航员**?

还是做一名了不起的**科学家**？

是做**大力士**，一只手托起装着"糖果山"的购物袋？

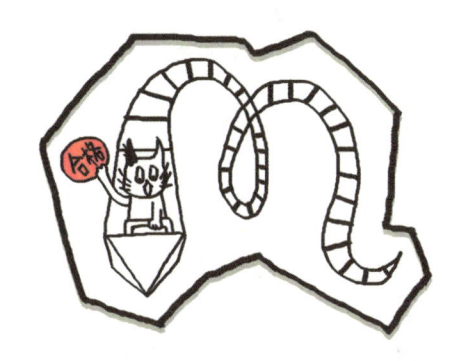

还是做**质检员**，检查游乐园里游乐设施的安全指标是否合格？

就算突然改变主意也没关系哟，这张纸上还有那么多地方可以用呢！

你的内心世界是机器人的驾驶舱，坐进去，你就能做自己的**王牌**驾驶员。

想成为篮球明星，那就按下运动键，多流汗、长身高。想做个简单、幸福的小孩，那就按下休闲键，靠着猫咪睡午觉。你的人生，请你自己做主。

哲学故事

爱吃果子的怪兽小左

"美好的早晨应该从一块香喷喷的肉饼开始!"妈妈端着刚出炉的早餐开心地说道。

弟弟狼吞虎咽地大吃起来,而小左却一边啃着苹果,一边摆弄自己的铁锹、肥料和水壶。

爸爸很不开心:"小左!你什么时候才能有点怪兽的样子?"

面对爸爸的训斥,小左什么话都没有说,背上背包就出门了。

> 无论责备他人还是自己,我们都将一无所获。

小左向着森林的边缘走去。路过骑士城堡时,猎犬史宾格叫住了他。

嗨,小左!主人为我准备了顶级的牛肉早餐,如果你想尝一口,我非常乐意和你分享。

可小左却装作什么都没听见的样子,继续埋头赶路。

被无视的史宾格气坏了,大喊起来:"真没礼貌!你这个连只小鸡都捕不着的家伙!"

恰在此时,草丛里"冒"出一只小鸡,它摇摇摆摆地直往小左的腿上撞。小鸡睡眼惺忪地对着小左尖叫:"小老鼠别挡路!走开,走开!"

看来,小鸡将小左看成小老鼠了。

从一早就开始生闷气的小左实在无法忍受了,他非常生气,一口吞掉了倒霉的小鸡,然后说:"捕猎算什么!我要建造出世界上最棒的果园!"

其不该这么冲动！我本来没想吃掉他的。

史宾格真是个爱炫耀的家伙。

为什么大家都觉得我奇怪？

糊涂的小鸡正纳闷自己怎么进了小左的肚子呢，好多乱糟糟的声音就响了起来。

别！

吵！

原来，平时沉默寡言的小左把许多话都憋在了肚子里。

各种此起彼伏的声音让小鸡不耐烦地尖叫起来。

啦！

小左吞掉小鸡的那一幕被躲在树上的猩猩看见了,他隐约听到了"最棒的果园"几个字,这让他仿佛已经闻到了水蜜桃的香味,看见了一片挂满水果的秘境。

"糟糕，口水流下来了。"猩猩连忙擦擦嘴，然后跟小左搭话。

前面是草原，你到那儿去干什么？那边真有"最棒的果园"吗？

小左还没来得及回答，一阵刺耳的声音从他的肚子里传了出来。

他才不会告诉你呢，那棵宝贝果树就在森林尽头的小山丘上！

你可以把那些不愿告诉别人的想法放在心里，它们是属于你的小秘密。

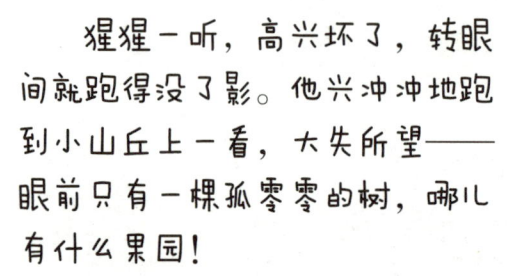

猩猩一听，高兴坏了，转眼间就跑得没了影。他兴冲冲地跑到小山丘上一看，大失所望——眼前只有一棵孤零零的树，哪儿有什么果园！

猩猩敲敲树干，跺跺地面，又摘下树上的果子闻了闻……

就像挠痒痒会越挠越痒一样，吃完苹果就想吃梨，吃完梨就想要整个果园……太贪心会让你丧失快乐哟！

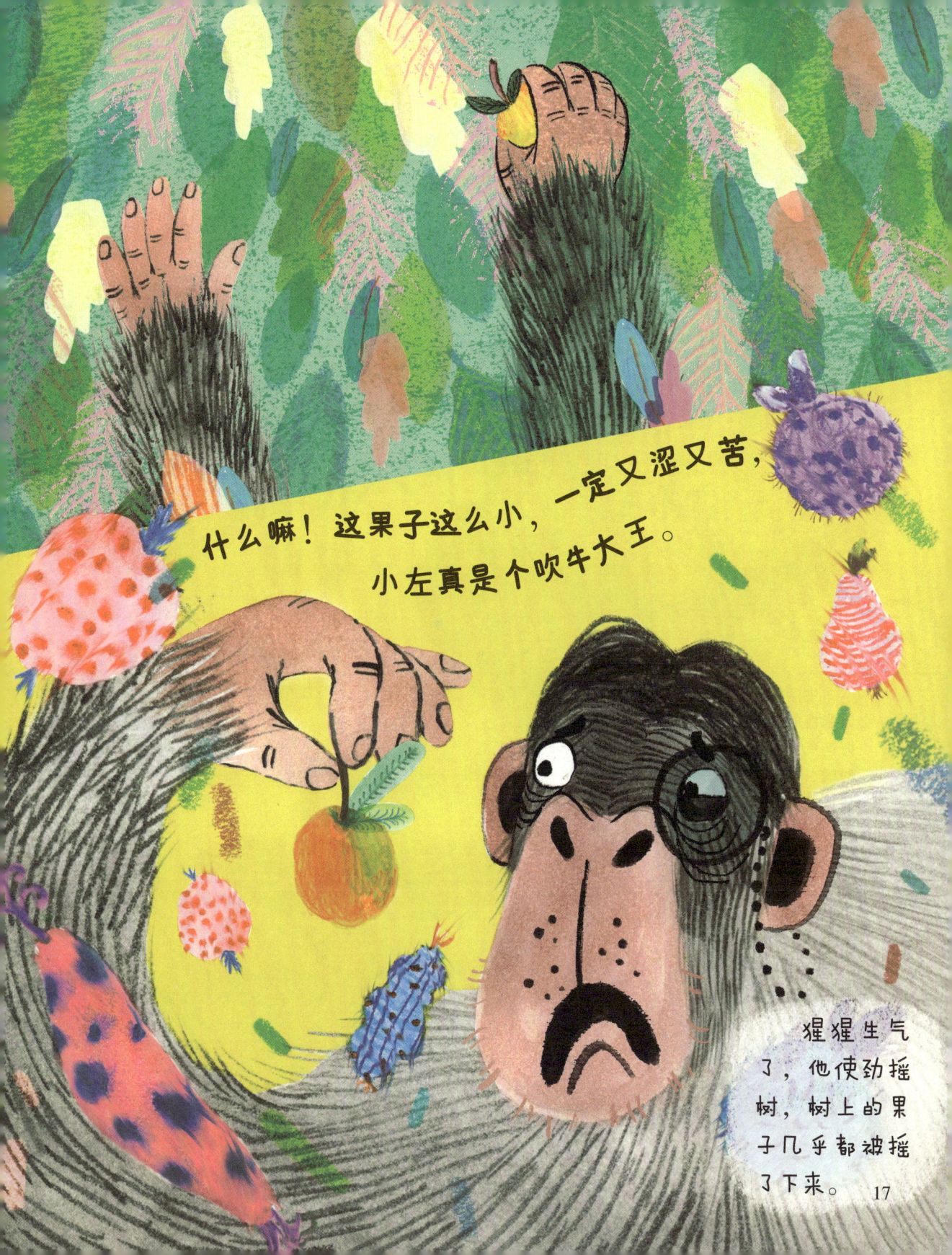

什么嘛！这果子这么小，一定又涩又苦，小左真是个吹牛大王。

猩猩生气了，他使劲摇树，树上的果子几乎都被摇了下来。

匆匆赶到的小左看着散落在地上的果子，伤心极了。

1，2，3……看到地上还有几个完好的果子，小左松了口气。这几个果子足够他为羊驼妹妹准备一份生日礼物了。

生活中有许多难以掌握的东西，比如好运气和坏运气。有时候，怎么把坏运气变成好运气，是可以由我们自己决定的。

想一想

哲学小木头

太阳快落山了，羊驼妹妹的生日派对也要开始了。

迟到的小左没有勇气敲门，他准备把礼物放在门口就走。偏偏这个时候，肚子里的小鸡又叫唤了起来。

好饿呀！好饿呀！我已经一天没有吃饭啦！

羊驼妹妹和小伙伴们好奇地打开门，可这时小左已经跑远了。羊驼妹妹拿起礼物盒盖上的贺卡，认真地看了起来。

> 自己辛苦种出的果实，吃起来总觉得甜甜的。和朋友分享果实，会让友情也变得甜甜的。

哲学小木鸡

20

亲爱的羊驼妹妹：

　　祝你生日快乐！

　　告诉你一个好消息，我终于学会种果树啦！树上结的果子味道很不错，希望你喜欢。

　　　　　　　　你的好朋友小左

回到家，沮丧的小左只想回房间独自待会儿。

可妈妈看见他邋遢的样子，忍不住抱怨了起来。

怎么每天都把自己弄得脏兮兮的……

人生的道路十分漫长，打点好行装，勇敢地出发吧！

小左想像往常那样保持沉默,可肚子里的小鸡却忍不住把小左满肚子的牢骚都喊了出来……

我每天早起,研究雨水和土壤。

我辛辛苦苦种出来的果子被弄坏了!

我只是想做自己喜欢的事情!

你们要是能尝尝我种的果子,就一定能理解我了!

今天真是糟透了!

天哪!小左所有的心里话都被喊了出来。

爸爸和妈妈羞愧极了。他们没有想到,小左原来有这么多烦恼。

爸爸、弟弟连忙跑过来,和妈妈一起,给了小左大大的拥抱。既感动又害羞的小左忍不住大哭起来,哭着哭着,居然把肚子里的小鸡给吐了出来!

倒霉的小鸡总算学聪明了，他安安静静地溜之大吉……

给予拥抱的同时也会获得拥抱，亲人永远是我们最坚强的后盾。

叮咚——叮咚——

门铃突然响了，原来是羊驼妹妹和她的小伙伴们，他们带来了一个装饰着果子的大蛋糕！

可爱的动物们和小左一家又唱又跳，品尝着美味的果子蛋糕和果子茶，度过了一个美好的夜晚。

> 我们要慢慢地评判别人，快快地理解别人。

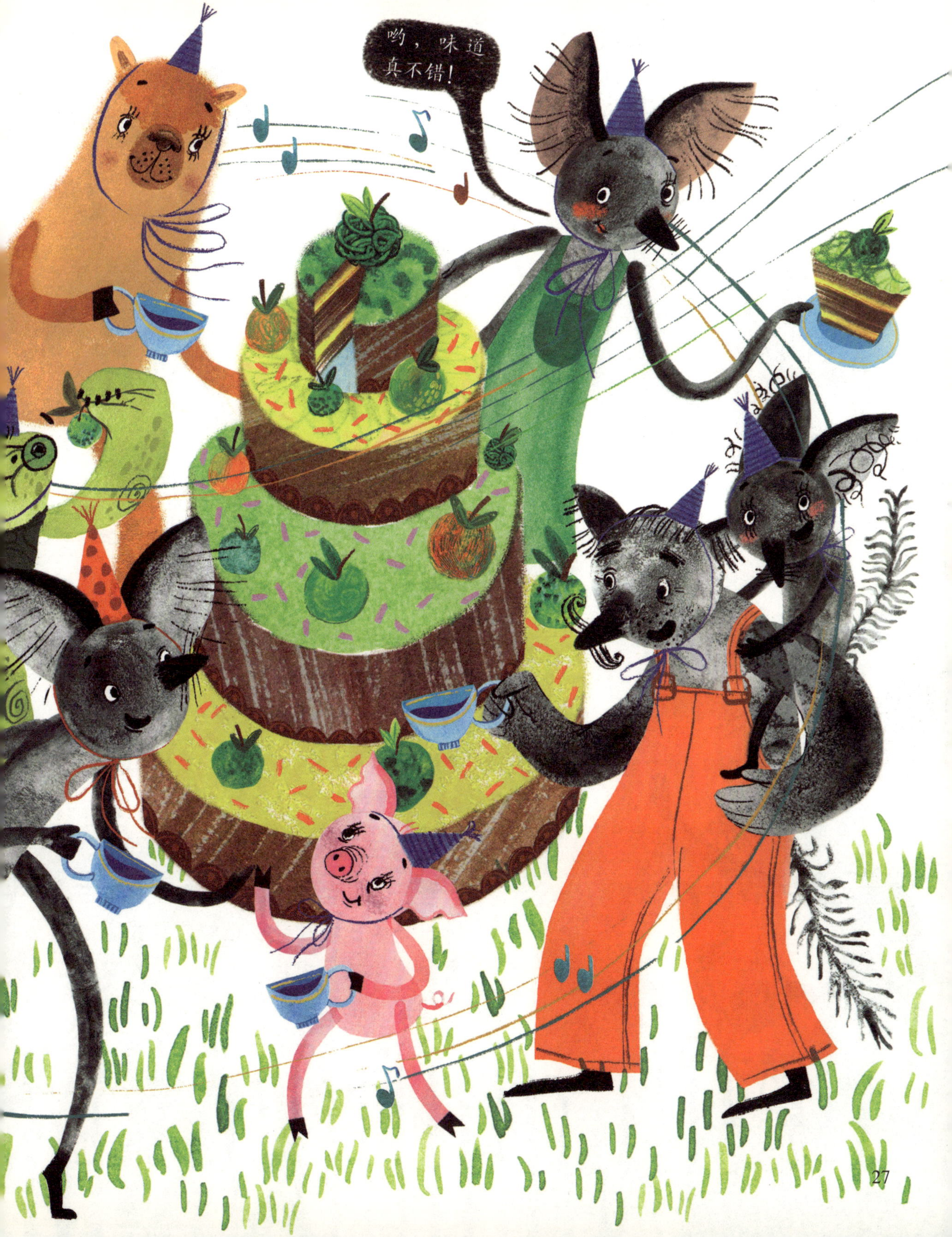
哟，味道
真不错！

我想我该给小左道个歉。

与伙伴同行让我们获得把不可能变成可能的力量。

后来，在朋友们的帮助下，小左种出了西瓜和甘蔗，他梦寐以求的小果园终于初具规模。不久，小左又在果园里尝试种其他东西，大家很快吃上了他种出来的小番茄和甜玉米。

就连史宾格都来参观小左的小果园了,他还带来了骑士亲笔写的贺信!

哎呀!

像哲学家一样思考

内心世界在哪里

为什么我看不见也摸不着我的**内心世界**呢？它到底在哪儿啊？

虽然没有指路牌，也没有好心的交警叔叔带路，但要找到通往内心世界的路其实很简单，靠自己就能做到。

和自己对话

让我们给橘子画上笑脸，对它说说只能对自己讲的话：

"我有一个大家都不知道的朋友，这个朋友总给我讲有趣的故事……"

听听你**脑海里的声音**，它和只能对自己说的话一样，都来自你的内心世界哟。

未来之路

和别人相处

其实每个人都有看清别人内心世界的**超能力**。多多观察，或许你会发现妈妈喜欢看书、爸爸讨厌跑步、妹妹爱穿蓝色的裙子……很快，你就比从前更了解大家啦!

和家人、朋友好好相处，借用他们的超能力来了解自己吧!

挑战新事物

找到一件无论做多少遍都会感到开心的事真的棒极了!那偶尔尝试些不一样的事呢?比如扭扭小脚丫，请妈妈跳一支没有名字的舞。

挑战新事物时涌入内心世界的**全新感觉**，能给心有疑惑的你一些启示哟。

像哲学家一样思考

我们应该听从内心的声音吗

小小的你,每天的经历都是新的,每天都有好多好多的新想法、新爱好和激动人心的新梦想不断冒出来。它们都是你**内心花园**里的**蝴蝶**,挥舞着翅膀,引你去探索只属于你自己的**小世界**。

看看下面几张小卡片,你也有类似的想法吗?

我想变成森林里的一头大棕熊!这样的话,森林里的动物就会害怕我,我就能称霸森林,每天睡觉、玩耍、捉鱼吃,想干什么就干什么。

我不想听爸爸的话,因为他什么都不准我做。

我不想

学游泳，因为水里可能有大鲨鱼和会偷偷挠我脚底板的怪物。

我想 和梦里的小精灵交朋友。如果它们邀请我住进精灵城堡，我就会有听不完的故事，而且永远都不会做噩梦啦。

欢迎入住精灵城堡。

但是，我们要一直在自己的内心花园里待着吗？想想看，就算是大棕熊也有很多做不到的事情，酿蜜、除草、帮花朵传粉……走出内心花园，和家人、朋友**友好相处**，讨论有趣的事，生活才会更有乐趣。

在你的内心花园里，可没有"禁止通行"的牌子，所以你可以尽情构思你的生活！你还可以把你的小想法和爸爸、妈妈讲一讲，说不定他们会为你鼓掌呢！

我们可不可以不勇敢？当然可以，因为害怕能帮我们远离危险。但是，当你把**害怕**的事说出来，你就会发现，可怕的鲨鱼变成了小金鱼，讨厌的怪物原来是爱捉弄人的小狗。

如果你真的幸运地和小精灵做了朋友，别忘了给妈妈讲讲精灵城堡里的趣事呀。

你的内心花园一定很漂亮！如果你愿意为它打开一扇**窗户**，更多五彩缤纷的蝴蝶就会纷纷飞来。

如果不能变成鱼，
那就让内心
成为一片海吧。